Almuth Bartl

Gute-Laune-Spiele
für entspanntes Lernen in Grundschulklassen

Almuth Bartl

Gute-Laune-Spiele

für entspanntes Lernen in Grundschulklassen

Cornelsen
SCRIPTOR

www.cornelsen.de

Bibliografische Information: Die Deutsche Bibliothek verzeichnet diese Publikation in der Deutschen Nationalbibliografie; detaillierte bibliografische Daten sind im Internet über http://dnb.ddb.de abrufbar.

Dieser Band folgt den Regeln der deutschen Rechtschreibung, die seit August 2006 gelten.

5. 4. 3. 2. 1. Die letzten Ziffern bezeichnen
11 10 09 08 07 Zahl und Jahr der Auflage.

Redaktion: Marion Clausen, Göttingen
Umschlagillustration: Torsten Lemme, Berlin
Innenillustrationen: Klaus Puth, Mühlheim
Gesamtgestaltung: Dagmar & Torsten Lemme, Berlin
Druck und Bindearbeiten: sachsendruck Plauen
Printed in Germany
ISBN 978-3-589-22392-3

Gedruckt auf säurefreiem Papier, umweltschonend hergestellt aus chlorfrei gebleichten Faserstoffen.

In diesem Buch finden Sie 100 erprobte Gute-Laune-Spiele, die Sie jederzeit in Grundschulklassen einsetzen können. Die Spiele sind in verschiedene Bereiche aufgeteilt, die Sie jeweils oben auf der Seite finden. Zusätzlich gibt es praktische Tipps, die Ihren Unterrichtsalltag erleichtern. Am Ende des Buches sind die Spiele und Tipps in alphabetischer Reihenfolge aufgeführt. Alle Spiele sind für den Einsatz in Klasse 1 bis 4 geeignet; sie können leicht je nach Klassenstufe abgewandelt werden.

Inhalt

Wochen-Vorschau

Wichtig: ein Fernsehbildschirm aus einem großen Karton; außerdem eine Liste von Nachrichten für die kommende Woche

Am Montagmorgen darf ein »Nachrichtensprecher« die Wochennachrichten vorlesen, die die Lehrerin zusammengestellt hat. Da gibt es dann vielleicht Informationen über den anstehenden Wandertag, über eine neue Lehrerin, über eine kurzfristige Stundenplan-Änderung usw.
Sie werden überrascht sein, wie gut und wie lange sich gerade die unruhigen Schüler in der Klasse auf die Nachrichten konzentrieren können!
Halten Sie für besondere Gelegenheiten Zettel mit ein paar »Quatschnachrichten« bereit – mit diesen Unsinnsmeldungen können Sie im Nu für gute Stimmung sorgen.

Winken

Alle Schüler lieben Besonderheiten, die nur in ihrer Klasse gelten und durch die sie sich von den Kindern anderer Klassen unterscheiden.
Eine solche Besonderheit können die »Winkregeln« sein, die jeweils für eine Woche oder einen Monat festgelegt werden. Damit wird die Art bestimmt, in der sich die Schüler dieser Klasse zuwinken, wenn sie sich begegnen, auf dem Schulweg, auf dem Pausenhof oder auf dem Spielplatz.
Alle winken z. B.

- ▷ mit den angewinkelten Ellbogen,
- ▷ durch die Beine hindurch nach hinten,
- ▷ nur mit dem Zeigefinger,
- ▷ mit aufeinandergelegten Handflächen, die auf- und zuklappen.

Den Kindern fallen sicher noch mehr Möglichkeiten ein.
Wenn Sie gerade frische Köpfe brauchen oder aufkommende Unruhe bekämpfen möchten, lassen Sie alle Kinder aufstehen und sich auf möglichst unterschiedliche (oder alle auf die gleiche) Weise ein paar Minuten lang zuwinken, nach vorn, zur Seite, nach hinten.

Willkommen
Begrüßen Sie ein Kind, das neu in die Klasse kommt oder länger wegen Krankheit gefehlt hat, mit einem großen Willkommen-Banner, das vor der Klassenzimmertür aufgehängt wird.

Ausflugspläne

Nach dem Prinzip des Spiels »Kofferpacken« werden gemeinsam Pläne für den nächsten Schulausflug geschmiedet. Der erste Spieler sagt z. B.: »Beim nächsten Ausflug fahren wir in den Zoo.« Der zweite Schüler ergänzt: »Beim nächsten Ausflug fahren wir zuerst in den Zoo und gehen danach ins Museum.« Das dritte Kind nennt noch ein weiteres Ziel: »Beim nächsten Ausflug fahren wir zuerst in den Zoo, gehen danach ins Museum und in die Eisdiele.« So geht es weiter und weiter. Der Ausflug führt noch ins Planetarium, auf einen Berg, zum Baggersee, auf den Abenteuerspielplatz und zu weiteren Attraktionen. Der Ausflug ist erst zu Ende, wenn die Reihenfolge der Ziele durcheinandergerät oder ein Zwischenziel ausgelassen wird.

Die gesammelte Zeit

Wenn die Kinder keine unnötige Zeit durch Trödeln, Suchen usw. verlieren, wenn sie nach der großen Pause schnell wieder an ihren Plätzen sitzen, gibt es von der Lehrerin einen Bonus auf das Zeitsparkonto. Das kann ein kleines »Sparbuch« sein, dessen Seiten jeweils in neun Fünf-Minuten-Abschnitte eingeteilt sind. Bei jedem Zeitsparvorgang wird von der Lehrerin ein Abschnitt abgestempelt. Sind 45 Minuten gesammelt worden, gibt es eine entsprechend lange Bonuszeit zum Spielen, Basteln, Film-Anschauen und für andere begehrte Aktivitäten.

Ermittlerteam

Drei Kinder bilden das Ermittlerteam und gehen vor die Klassenzimmertür, bis drinnen zwei andere Kinder ausgewählt wurden: das zu Erratende und ein Helfer-Kind, das dem Team Hinweise auf die gesuchte Person geben darf. Dann geht es los: Das Helfer-Kind gibt nacheinander mindestens drei positive Eigenschaften an, die auf das gesuchte Kind zutreffen, z. B.:

▷ Es gibt anderen Kindern oft etwas von seinem Pausenbrot ab.
▷ Es kümmert sich um kranke Mitschüler und besucht sie am Nachmittag.
▷ Es singt gerne.

Das Ermittlerteam grübelt und bespricht sich und gibt dann gemeinsam einen Tipp ab, um wen es sich wohl handeln könnte. Stimmt die Vermutung, wird vielleicht noch darüber gesprochen, welcher Hinweis für die Identifikation den Ausschlag gab. Stimmt die Vermutung nicht, macht das Helfer-Kind weitere Angaben, bis das gesuchte Kind erkannt ist.
Wichtig: Bei diesem Spiel werden nur positive Angaben zur Person gemacht!

Die grüne und die rote Schachtel

Wichtig: Jeweils eine gewöhnliche Schuhschachtel wird grün, die andere rot angemalt oder beklebt. In die grüne Schachtel kommen kleine Überraschungen (Luftballons, Sticker, Bonbons, Stifte, Murmeln ...), in die rote Schachtel viele Zettel mit Gemeinschaftsaufgaben.

Wenn sich nun ein Kind besonders positiv im sozialen Bereich hervortut, indem es z. B. Streit schlichtet oder für ein krankes Kind die Arbeitsmaterialien sammelt, darf es in die grüne Schachtel greifen und sich eine kleine Belohnung herausholen.
Wer durch negatives Verhalten (Unruhe stiften, Streit vom Zaun brechen, schlagen ...) auffällt, muss aus der roten Kiste einen Zettel ziehen und die darauf beschriebene Aufgabe zum Wohl der ganzen Klasse ausführen.

Tauziehen

Tauziehen in Gruppen oder Klassenmannschaften (z. B. gegen die Parallelklasse) macht Spaß, baut überschüssige Energie ab und fördert das Zusammengehörigkeitsgefühl der jeweiligen Mannschaft.

Aufgereiht

Wichtig: Augenbinden für alle Kinder

Allen Schülern werden die Augen verbunden. Dann sollen sich die Kinder der Größe nach aufstellen. Das kleinste stellt sich ganz links an die Wand und das größte nach rechts. Das ist noch einfach. Aber ist Carolin wirklich größer als Tim? Die blinden Mitschüler messen mit ihren Händen nach und einigen sich dann auf eine Reihenfolge. Jetzt dürfen die Augenbinden abgenommen und die Reihe bewundert werden. Auch wenn es nicht so ganz stimmt: Spaß hat es bestimmt allen gemacht.

Das sind wir

Ein dickes Heft mit einem lustigen, bunten Umschlag wird in das Klassenalbum verwandelt. Jedes Kind klebt ein Foto oder ein gezeichnetes Selbstporträt auf eine Seite. Darunter trägt es die wichtigsten Angaben zu seiner Person ein, z. B.: Name, Spitzname, Adresse, Telefonnummer, Anzahl der Geschwister, Hobbys usw. Eine Seite des Klassenalbums ist für die Lehrerin reserviert.

Kommt während des Schuljahres ein neues Kind in die Klasse, darf es das Klassenalbum mit nach Hause nehmen und sich in Ruhe zu Gemüte führen, wo es da gelandet ist (auch für neue Lehrkräfte sinnvoll).

Echo-Klatschen

Die Lehrerin klatscht einen einfachen Rhythmus vor und alle Schüler klatschen das »Echo« dazu. Das Klatschen schult die Aufmerksamkeit der Schüler und der Gleichklang unterstützt, wie beim Chorsingen, das Gemeinschaftsgefühl.

Loben

Ein ehrliches Lob, spontan oder gezielt von der Lehrerin gegeben, ist das beste und am schnellsten wirksame Erziehungsmittel. Ein Lob ist wie ein Kompliment: Es macht glücklich, bestärkt und wirkt positiv auf das Selbstwertgefühl.

Loben kann die Lehrerin gar nicht oft genug. Allerdings soll es der Tat oder der Situation angemessen sein und immer individuell formuliert werden. Wenn ein Schüler, nur weil er eine halbe Stunde lang seinen Banknachbarn nicht geärgert hat, gleich mit Worten wie: »Heute bist du aber super drauf!« bedacht wird, schrumpft die Wirkung des Lobes.

Fit mit Hit

Wichtig: rhythmische Musik

Einmal der Fitnesstrainer seiner Klasse zu sein macht großen Spaß. Ein Kind stellt sich vor die Sportler, schaltet seinen Lieblingshit ein und macht gymnastische Übungen vor, z. B. auf dem Platz laufen oder »Hampelmann«, die Arme wie Propeller kreisen lassen usw. Alle Mitschüler machen die Übungen gleichzeitig brav mit. Damit das Ganze nicht zu anstrengend wird, dauert eine Fitness-Übung so lange wie das ausgewählte Lied. Die Lehrerin kann übrigens auch mitmachen!

Rituale

In dieser Welt voll ständig neuer Eindrücke und Informationen geben bestimmte Rituale, die den Schultag strukturieren, den Kindern Sicherheit. Am Morgen begrüßt die Lehrerin die Kinder freundlich, singt mit ihnen vielleicht ein Lied, am Ende des Schultags werden gemeinsam die Ereignisse des Tages besprochen und es findet eine gemeinsame Verabschiedung statt. Dazwischen liegen viele Möglichkeiten für Rituale, die das Schulleben ausgeglichen machen, z. B. Geburtstagsfeiern, Entspannungsübungen, das Auf- und Abbauen eines Stuhlkreises usw.

Besonders in Krisenzeiten sind die Rituale auch für große Schulkinder hilfreich und beruhigend: bei Montagsmüdigkeit, bei Krankheit oder Ängsten, bei Streit, Wut oder Misserfolg, bei allen kleinen Kümmernissen im Schulalltag.

Schriftbild

Ein Kind wird aus dem Klassenzimmer geschickt, während fünf andere, jedes mit einer anderen Farbkreide, ein schwieriges Wort an die Tafel schreiben oder ein Bild malen. Diese Kinder behalten ihre Kreiden hinter dem Rücken und stellen sich nebeneinander auf. Jetzt wird das Ratekind hereingerufen und soll erraten, welcher Schüler welches Wort geschrieben oder welches Bild gemalt hat.
Stimmt die Vermutung, zeigt der Schüler als Beweis seine Kreide und setzt sich auf seinen Platz. Stimmt die Vermutung nicht, schüttelt der Schüler den Kopf und bleibt stehen.

Andenken-Ordner
Legen Sie einen Andenken-Ordner an, den Sie während des Schuljahres mit all den netten, lustigen, erstaunlichen Dingen füllen, die die Schüler sagen, schreiben oder herstellen (Fotos vom Wandertag, eine besonders schöne Zeichnung, ein Brief, den die Klasse erhalten hat, die Kopie eines gelungenen Aufsatzes usw.). Tragen Sie auch eigene Versprecher, Unachtsamkeiten o. Ä. dort ein. In besonderen Situationen dürfen einzelne oder kleine Gruppen den Ordner anschauen.

Der blinde Häuptling

Wichtig: Augenbinde

Der Häuptling sitzt mit verbundenen Augen auf seinem Thron und empfängt hier seine Untertanen. Jeder wird einzeln zum Thron geführt, wo ihn der Häuptling mit den Händen abtastet. Kann er erkennen, wer da vor ihm steht? Wenn das nicht gleich klappt, darf der Häuptling eine Frage stellen, die der Indianer mit verstellter Stimme beantwortet, also vielleicht: »Heute schon die Friedenspfeife geraucht?«, und als Antwort: »Nein, mein Häuptling, kein Tabak mehr im Beutel.«

Kräfte messen

Wichtig: ein Handtuch

In der Mitte des Klassenzimmers wird mit Kreide eine Linie von etwa einem Meter Länge gezogen. Ein Schüler stellt sich auf die eine Seite der Linie, sein Gegner auf die andere. Nun bekommen die beiden ein Handtuch als Tau und schon ziehen sie los. Wem es gelingt, den Gegner über die Linie zu ziehen, der gewinnt.
Der unterlegene Gegner darf sich nun zuerst einen Mitspieler aussuchen, der ihn um die Taille fasst und auf seiner Seite in die zweite Runde geht. Hat auch der Sieger einen Partner gefunden, ziehen die beiden Gruppen gegeneinander. Wieder gilt: Wer den ersten Spieler über die Linie zieht, dem gebührt der Sieg. Die Gegenmannschaft darf dafür zuerst ihren dritten Mitspieler wählen. So wird weitergespielt, bis schließlich die ganze Klasse, geteilt in zwei Gruppen, gegeneinanderzieht.

Komplimente raten

Wichtig: für jeden Schüler ein Zettel, auf dem sein Name steht

Die Zettel werden gemischt und an die Kinder ausgeteilt, sodass jeder den Namen eines Mitschülers bekommt. Die erste Aufgabe besteht nun darin, etwas Nettes über diesen Schüler auf den Zettel zu schreiben, z. B.: »Timo ist immer gut aufgelegt und kann am besten von allen Kindern in der Klasse Witze erzählen.« Sind alle Komplimente aufgeschrieben, werden die Zettel wieder eingesammelt. Nun kommt die zweite Aufgabe. Die Lehrerin liest ein Kompliment vor, ohne den Namen zu nennen, und die Schüler sollen erraten, welchem Kind dieses Kompliment gilt.

13

Kreuzworträtsel

Alle Kinder arbeiten zusammen, um an der Tafel die Vornamen aller Schüler wie bei einem Kreuzworträtsel zu verbinden. So könnte es anfangen:

Im Kreis der Gemeinschaft

Egal, ob die Kinder einfach Seite an Seite im Stuhlkreis sitzen oder auf dem Boden, ob sie sich dabei an den Händen halten oder nicht: Ein Kreis symbolisiert immer Gemeinsamkeit und Zusammengehörigkeit. Es gibt keinen Anfang und kein Ende, keine guten und schlechten Plätze. Jeder ist ein gleichwertiger Teil des Ganzen, jeder akzeptiert die geltenden Regeln. Ein Gespräch im Kreis ermöglicht, dass die Kinder untereinander kommunizieren. Bei anderer Sitzverteilung laufen die Gespräche vorwiegend über die Lehrerin.

Kunststück für Fundstück

Alle Fundstücke, die im Laufe der Woche zusammenkommen, werden nicht einfach an ihre Besitzer zurückgegeben, sondern erst mal in der »Fundstückkiste« gesammelt. Am Freitag in der letzten Stunde werden dann die Fundstücke gegen Kunststücke getauscht. Ein Schüler greift mit einer Hand in die Kiste, während er seine Augen fest zuzwickt und sagt: »Was soll das Pfand in meiner Hand, was soll sein Besitzer tun?« Die Mitschüler suchen eine Aufgabe aus, z. B.:

- ▷ Der Besitzer soll ein Gedicht vortragen (oder einen Vierzeiler dichten).
- ▷ Der Besitzer soll eine Pantomime vorspielen.
- ▷ Der Besitzer soll vor der Klasse zaubern (jonglieren, eine Pirouette drehen, einen Handstand oder eine Riesenkaugummiblase machen).
- ▷ Der Besitzer soll zu »Alle meine Entchen« einen neuen Text dichten.
- ▷ Der Besitzer soll der Klasse einen Witz erzählen.

Klassenumarmung

Am letzten Schultag vor den Ferien oder vor dem Wochenende wird der Unterricht mit der großen Klassenumarmung geschlossen.
Die Kinder stellen sich im Kreis auf und fassen sich an den Händen. Die Lehrerin lässt als Einzige die Hand ihres rechten Nachbarn los, der fest auf seinem Platz stehenbleibt und zum Mittelpunkt des Kinderknäuels wird. Die Lehrerin führt die Kinder spiralförmig immer wieder im Kreis um den feststehenden Schuler herum, bis schließlich die ganze Klasse in einem engen Knäuel aufgewickelt ist. Dann wünschen sich die Kinder schöne Ferien oder ein schönes Wochenende und erst jetzt lassen alle die Hände ihrer Mitschüler wieder los.

Begegnungen

Alle Kinder stehen an ihren Plätzen. Die Lehrerin gibt jetzt eine besondere Begegnung vor. Die Kinder stellen sich kurz die Situation vor und sollen dann in diesen Rollen ihren Banknachbarn begrüßen und sich kurz unterhalten, z. B.:

- ▷ Du bist zwanzig Jahre älter als heute und triffst deine Klassenlehrerin zufällig auf der Straße.
- ▷ Du bist Torwart einer Fußballmannschaft und triffst morgens den Torschützen der gegnerischen Mannschaft, die gestern gegen euch gewonnen hat.
- ▷ Du bist Pippi Langstrumpf und triffst Pumuckl.
- ▷ Du bist Präsident von Deutschland und triffst die Königin von England.

Hausschuhe

Ein Schultag in Hausschuhen ist vor allem in der kalten Jahreszeit einfach gemütlicher als ein Tag in Straßenschuhen. Bunte Stuhlkissen machen nicht nur das Sitzen bequemer, sondern geben dem ganzen Klassenzimmer gleich ein wohnliches Aussehen.

Onkel Sam, das Klassenmaskottchen

Aus alten Kleidungsstücken wird eine lebensgroße Figur hergestellt, die fest mit Schaumgummi oder ähnlichem Füllmaterial ausgestopft wird. Der Kopf ist ein kleiner Kissenbezug, ebenfalls gut ausgestopft und mit Augen, Nase, Mund bemalt. Ob er Wollhaare, eine Faschingsperücke oder eine Zipfelmütze bekommt, ist Geschmackssache. Dicke, ausgestopfte Socken werden ihm an die Hosenbeine genäht und vielleicht auch noch in entsprechende Schuhe gestopft.
Diese Figur heißt nun Onkel Sam. So ein sprachloser Mitschüler ist ein fabelhafter Zuhörer, er bewacht die Klassenzimmertür, dient zur Entspannung als Matratze und ist ein prima Partner für Wutanfälle, denn Sam nimmt es nicht krumm, wenn er mal eins auf die Birne bekommt.

Klassen-Hit
Suchen Sie ein fetziges Lied aus, das Ihnen und den Kindern besonders gut gefällt, und taufen Sie es den »Klassen-Hit«. Wann immer es etwas in der Klasse zu feiern gibt, spielen Sie das Lied und lassen Sie die Kinder im Klassenzimmer die »Glücks-Polka« oder den großen Indianertanz aufführen – und tanzen Sie mit! Gemeinsam erlebte Freude schweißt zusammen.

Schul-Quiz

Zwei Schüler bereiten zusammen mit der Lehrerin die Fragen für das Schul-Quiz vor, z. B.:

- ▷ Welche Farbe hat das Auto der Rektorin?
- ▷ Wie viele Bäume stehen vor der Turnhalle?
- ▷ Wie viele Bänke stehen im Pausenhof?
- ▷ Welche Handarbeitslehrerin kommt jeden Tag mit dem Motorrad?
- ▷ Welcher Lehrer kommt nur mittwochs in die Schule?
- ▷ Welche Farbe hat das Telefon im Sekretariat?

Die Kinder spielen in Gruppen gegeneinander. Wer zuerst die richtige Antwort nennt, bekommt einen Punkt für seine Gruppe, und am Ende gewinnt natürlich die Gruppe, die die meisten Punkte ergattern konnte.

Nestbau im Herbst

Zuerst tragen alle Schüler gemeinsam einen riesigen Haufen Herbstlaub in einer Ecke des Pausenhofs zusammen. Dann formen die Kinder das Laub zu einem Nest, gerade so groß, dass alle eng aneinander darin Platz haben. Wer's ganz bequem haben will, kann das Nest zusätzlich noch mit Plastikplanen und Decken auspolstern. Wunderbar gemütlich ist es in so einem Nest, besonders wenn die Lehrerin ein Buch dabei hat und die Schüler jetzt abwechselnd eine Geschichte vorlesen.

Am Lagerfeuer

Die ganze Klasse setzt sich im Kreis auf den Boden um eine Kerze herum. Der Raum ist verdunkelt, nur das »Feuer« in der Mitte gibt ein bisschen Licht. Gemeinsam erinnern sich alle an möglichst viele Einzelheiten, die an diesem Schultag passiert sind.
Die Lehrerin sorgt, auch durch ihre eigene Sprechweise, dafür, dass langsam und ruhig erzählt wird. Zum Schluss reichen sich alle die Hände. Einer drückt die Hand seines rechten Nachbarn und dieses geheime Signal wird lautlos von Kind zu Kind weitergegeben. Ist das Signal wieder beim ersten angekommen, löscht es das »Lagerfeuer« und sagt »Tschüs, bis morgen!«

Der gute Montag

Am Montagmorgen kommen die Kinder sehr viel lieber zur Schule, wenn sie wissen,

- ▷ dass der Schultag mit einer Spielviertelstunde beginnt,
- ▷ dass die Lehrerin aus einem spannenden Buch vorliest,
- ▷ dass ein Klassenquiz (Wiederholung der Lerninhalte aus der vergangenen Schulwoche) veranstaltet wird,
- ▷ dass zum Auftakt eine Witzerzählrunde stattfindet,
- ▷ dass der Schultag mit fetziger Musik und einem Tanz beginnt,
- ▷ dass die Lehrerin der Klasse ein paar Wörter in einer anderen Sprache beibringen wird.

Einzelteile

Wichtig: Die Lehrerin fotografiert von ihren Schülern jeweils nur Teile des Gesichts oder des Körpers, also die Nase, ein Auge, einen Daumen, eine Hand usw. Diese Fotos werden als Collage auf einen Karton geklebt.

Die Collage sieht lustig aus und regt die Kinder immer wieder an, ihre Mitschüler genau zu betrachten, um festzustellen, wem dieser Mund oder jenes Ohr gehört. Ganz nebenbei hilft es den Kindern dabei, die Namen ihrer Mitschüler zu lernen; besonders für die erste Klasse zu empfehlen!

Ausländische Kinder
Im Klassenzimmer wird eine Weltkarte (bzw. Europakarte) aufgehängt, auf der ausländische Kinder ihre Heimatländer zeigen dürfen. Die Lehrerin markiert auf der Karte die Heimatorte (oder zumindest die Länder) der Kinder. Regen Sie diese Schülerinnen und Schüler an, oft von ihrer Heimat zu erzählen und immer wieder Fotos und typische Gegenstände aus ihren Herkunftsländern mitzubringen.

Theater der Sprachlosen

Zwei Kinder, die richtig wütend aufeinander sind, stellen sich vor die Klasse und dürfen sich nach Herzenslust beschimpfen, jedoch ohne dabei auch nur einen hörbaren Pieps von sich zu geben. Sie dürfen einander hauen oder boxen, sich die Zunge herausstrecken und Grimassen schneiden, jedoch ohne den anderen zu berühren. Nach ein paar Minuten ist die schlimmste Wut verraucht und meistens stellt sich von selbst eine positive Stimmung ein, weil die Bewegungen einfach lustig aussehen und auch die Zuschauer lachen müssen.

Nacherzählung

Wenn zwei oder mehr Kinder zu Ihnen kommen, damit Sie einen Streit schlichten, lassen Sie sich die Angelegenheit von jedem Kind nacherzählen. Sie legen fest, in welcher Reihenfolge und wie lange jeder reden darf. Während ein Kind seinen Standpunkt darlegt, darf es nicht unterbrochen werden. Die Mitstreiter müssen sich seine Darstellung kommentarlos anhören. Auf diese Weise wird nicht nur der mündliche Ausdruck geschult, sondern die Kinder lernen dabei, dass es zu jeder Situation verschiedene Sichtweisen gibt und dass am Ende derjenige den Sieg davontragen wird, der die meisten sachlichen Argumente vorbringt.

Geburtstagsspiel

Alle Kinder bis auf eines sitzen im Kreis. Das ausgewählte Kind stellt sich vor einen beliebigen Mitschüler und sagt:
»Die Hühner gackern auf dem Mist,
sag, wann du geboren bist!
Januar, Februar, März, April, Mai, Juni, Juli, August, September, Oktober, November, Dezember.«
Sobald das Kind den Geburtsmonat des vor ihm sitzenden Spielers nennt, springt der auf, ruft laut seinen Geburtstag und übernimmt die Spielleitung. Das erste Kind setzt sich auf den frei gewordenen Platz und der Schüler, der jetzt an der Reihe ist, sucht sich ein neues »Geburtstagskind« aus.

Variationen:
Schlaumeier sagen die Monate rückwärts von Dezember bis Januar auf.

Wenn die Schüler schon die Monatsnamen auf Englisch gelernt haben, sagen sie:
»Die Hühner gackern auf dem Mist,
sag, wann du geboren bist!
January, February, March, April, May, June, July, August, September, October, November, December.«

Ich sitze auf dem Stuhl ...

Die Kinder sitzen in einem Stuhlkreis, in dem es einen Stuhl mehr als Kinder gibt. Wer nun rechts vom leeren Stuhl sitzt, beginnt das Spiel. Er sagt: »Ich sitze ...« und setzt sich dabei auf den leeren Stuhl. Sein rechter Nachbar sagt: »Ich sitze auf dem Stuhl ...« und rutscht einen Stuhl weiter. Der dritte Spieler rückt nun ebenfalls um einen Stuhl nach links und sagt dabei z. B.: »Ich sitze auf dem Stuhl neben meiner Freundin Jenny.« Jenny, ganz egal wo sie sich befindet, steht auf und setzt sich auf den leeren Stuhl. Nun beginnt das Spiel von vorn, indem das Kind, das rechts von Jennys Stuhl saß, sagt: »Ich sitze ...«

Ich kenn' dich doch!

Bei diesem Spiel soll ein Schüler mit verbundenen Augen beweisen, wie gut er seine Mitschüler kennt. Während die Lehrerin ihm die Augen verbindet, stellen sich die Mitspieler in beliebiger Reihenfolge nebeneinander auf.
Das »blinde« Ratekind wird zum ersten Schüler der Reihe geführt und hat nun genau drei Minuten Zeit, so viele Mitschüler wie möglich durch Abtasten zu erkennen. Dabei ruft es den Namen des zu erratenden Kindes laut und geht sofort zum nächsten. Sollte es jemanden nicht erkennen, geht es sofort weiter. Für jedes richtig erkannte Kind bekommt der Rater einen Punkt. Das Endergebnis wird notiert und der Letzte, der erkannt wurde, darf sich als Nächster ans Raten machen. Natürlich stellen sich die Kinder zuvor in der Reihe um.
Nach ein paar Runden endet das Spiel in einem Klassengespräch. Welches Kind war leicht, welches schwer zu erkennen?

Meine Lehrerin
Erzählen Sie Ihren Schulkindern von sich – von Ihrer Familie, von Hobbys, Vorlieben, Abneigungen, Wünschen ... Die Schüler sollen erkennen, dass vor ihnen nicht nur eine Lehrerin steht, sondern auch eine Frau, eine Mutter, eine Tochter, eine passionierte Tennisspielerin, eine Zauberin oder Puppensammlerin und was noch alles in Ihnen steckt.

Seid ihr alle da?

Mit diesem Spiel kommt nicht nur Stimmung ins Klassenzimmer, die Kinder lernen sich auch gleich ein bisschen (besser) kennen.

Den Kindern werden schnell nacheinander Fragen gestellt, z. B.:

- ▷ Wer hat Geschwister?
- ▷ Wer hat ein Haustier?
- ▷ Wessen Zahnbürste ist blau?
- ▷ Wer fährt mit dem Fahrrad (Schulbus) zur Schule?
- ▷ Wer ist schon älter als acht Jahre?
- ▷ Wer hat im Januar Geburtstag?
- ▷ Wer spielt gerne Fußball?

Jedes Kind, das eine Frage mit »Ich« beantworten kann, klopft stattdessen auf den Tisch. Am Ende stellt man eine Frage, bei der bestimmt jeder Krach machen wird, wie: »Wer möchte jetzt in die Pause gehen?« oder »Wer möchte ein Gummibärchen?«

Das ist mein Freund/ meine Freundin

Alle Kinder stehen im Kreis. Ein Schüler beginnt, hebt den Arm seines rechten Nachbarn hoch und ruft laut: »Das ist mein Freund ...« Der Nachbar ergänzt den Satz durch seinen Namen: »Timo«. Dann hebt Timo den Arm seiner rechten Nachbarin hoch und ruft: »Das ist meine Freundin ...« und die Angesprochene ergänzt wieder durch ihren Namen: »Sabine«.
Ist jedes Kind einmal an der Reihe gewesen, geht es von vorn los, diesmal spricht jeder den kompletten Satz selbst. Der erste Schüler hebt also wieder den Arm seines rechten Nachbarn hoch und sagt diesmal: »Das ist mein Freund Timo.« Timo sagt: »Das ist meine Freundin Sabine.«

Lachen
Lachen Sie viel mit Ihren Schülern! Lachen kennt keine kulturellen oder sprachlichen Grenzen. Gemeinsames Lachen verbindet auch ohne Worte.

Überraschungsbild

Jeweils zwei Kinder setzen sich einander gegenüber an einen Tisch, jedes hat ein Blatt Papier vor sich und einen Stift in der Hand. Nun betrachten sich die Kinder gegenseitig und sollen, ohne auf das Papier zu schauen, ein Porträt des Partners zeichnen. Am besten klappt das, wenn man sein Gegenüber mit den Augen »scannt« und gleichzeitig das, was man sieht, auf das Papier überträgt.

Erst wenn beide Maler mit ihrer Aufgabe fertig sind, dürfen sie ihre Überraschungsbilder betrachten.

Einlochen

Wichtig: ein großer Karton, ein Tischtennisball

In den Boden des deckellosen Kartons wird ein Loch geschnitten, das gerade so groß ist wie ein Tischtennisball. Zwei Schüler stellen sich einander gegenüber, jeder hält eine Seite des Kartons. Auf »Los!« wirft ein drittes Kind oder die Lehrerin den Tischtennisball in den Karton. Sofort bewegen die beiden Spieler den Karton so, dass der Ball durch das Loch auf den Boden fällt. Die Zeit, die sie dazu brauchen, wird gestoppt.
Das schnellste Paar hat gewonnen.

Namen-Gedächtnisspiel

Fünf Schüler stellen sich nebeneinander vor der Klasse auf. Nun geht ein anderes Kind nach vorn, tippt eines der Kinder an, nennt dessen Namen, z. B. »Vera«, und setzt sich wieder auf seinen Platz.
Dann ist das nächste Kind aus dem Publikum an der Reihe. Es tippt zuerst Vera an, sagt laut ihren Namen und sucht sich ein weiteres Kind in der Fünferreihe aus, das es antippt und beim Namen nennt.
So wird weitergespielt, bis ein Kind alle fünf Namen in richtiger Reihenfolge aufgezählt hat.
Dann setzen sich die fünf Schüler wieder auf ihre Plätze und sechs bis zehn andere kommen zur zweiten Spielrunde vor die Klasse.

Fotospiel

Wichtig: ein Foto von jedem Kind; Musik

Alle Kinder sitzen im Kreis und jeder hält sein Foto in der Hand. Dann ertönt Musik und die Kinder reichen die Fotos nach links weiter. Plötzlich bricht die Musik ab. Nacheinander zeigt jetzt jedes Kind das Foto vor, das es gerade in der Hand hält, und nennt erst seinen Namen und dann den des Fotografierten: »Ich bin Lena und auf meinem Foto ist Michael.«
Stimmt die Namensangabe, übergibt Lena das Foto dem Michael.
Hat schließlich jedes Kind wieder sein eigenes Foto in der Hand, geht es gleich in die zweite Runde.

Der Vertrag
Im Umgang mit größeren Schülern erspart man sich eine Menge Probleme, wenn man bestimmte Anforderungen wie das zuverlässige Erledigen von Hausaufgaben klar regelt und die Ergebnisse schriftlich festlegt. Je offizieller so ein Vertrag aussieht, umso besser. Wichtig ist auch, dass beide Vertragspartner unterschreiben.

Bewegungs-Memory

Die Kinder stehen an ihren Plätzen und hören genau zu, was die Lehrerin ihnen aufgibt. Sie nennt zuerst drei Angaben auf einmal, z. B.: »Dreh dich einmal im Kreis, klatsche dreimal in die Hände und wackle mit deinen Ellbogen!« Sobald sie den Arbeitsauftrag gegeben hat, folgt jedes Kind den Anweisungen. Dann wird es schwieriger: »Mache zwei Kniebeugen, umarme dich selbst, verneige dich vor deinem Banknachbarn und klatsche zweimal in die Hände!« Die Lehrerin, später ein Schüler, gibt in jeder Spielrunde eine Anweisung mehr als zuvor. Wer einen Fehler macht, setzt sich auf seinen Platz. So geht das Spiel weiter, bis nur noch ein paar hartgesottene Gedächtnis-Profis als Sieger übrig sind.

32

Kampf der Störche

Immer zwei Spieler stehen sich als Störche einbeinig gegenüber. Sie strecken einander die Handflächen zu. Sobald das Startzeichen gegeben wird, versuchen sich die Störche gegenseitig aus dem Gleichgewicht zu drücken. Der Storch, der zuerst das zweite Bein auf den Boden setzen muss, um nicht umzufallen, hat verloren und setzt sich hin. Die Siegerstörche tun sich wieder zu zweit zusammen, bis der stärkste Klassenstorch feststeht.

Lach doch!

Ein Spieler stellt sich vor die Klasse und schaut ernst seine Mitschüler an. Die versuchen jetzt durch alle möglichen Grimassen den Spieler zum Lachen oder zumindest zum Schmunzeln zu bringen. Dann nämlich hätten die Schüler gewonnen. Bleibt der Spieler aber drei Minuten lang ernst und verzieht keine Miene, geht der Sieg an ihn.
Spaß macht es auch, wenn die ganze Klasse die Lehrerin zum Lachen bringen will.

Reflexion
Bleiben Sie am Ende des Schultages so lange im Klassenzimmer, bis Sie in den Erlebnissen dieses Tages mindestens einen Grund erkennen, warum es gut war, dass Sie Lehrerin geworden sind.

Rätselwörter raten

Bei diesem Spiel steht ein Schreiber vor der Tafel und hinter ihm ein anderes Kind, das ihm nun ein beliebiges Wort, Buchstabe für Buchstabe, auf den Rücken schreibt. Der Tafelschreiber überträgt sofort jede Linie an die Tafel und soll möglichst schnell erraten, wie sein Rätselwort lautet.

Variation:
Der Schreiber überträgt die Linie auf eine Folie des Overheadprojektors und die Mitschüler versuchen, das Rätselwort möglichst schnell zu erraten.

Kampf der Giganten

Auf den Boden der Turnhalle wird mit Kreide eine Linie von etwa fünfzehn Metern Länge aufgemalt. Die Kinder bilden Partnergruppen und stellen sich Rücken an Rücken so auf, dass die Linie zwischen ihren Füßen verläuft. Nun bücken sich die Kontrahenten und reichen sich durch die gegrätschten Beine hindurch die Hände.

Auf das Startzeichen der Lehrerin ziehen alle so kräftig wie möglich, um ihren Gegner zu zwingen, die Linie zu übertreten. Wer die Linie betritt oder gar hinübergezogen wird, scheidet aus. Die siegreichen Giganten bilden wieder Partnergruppen und treten nochmals gegeneinander an.

Wer-ist-dran-Spiel

Wer darf die Hefte austeilen, die Bilder aufhängen und beim nächsten Spiel anfangen? Oder: Wer muss das Gedicht auswendig aufsagen oder die Hausaufgabe vorlesen?

▷ Herzass: Ein Kartenspiel wird gut gemischt und mit der bedruckten Seite nach unten auf den Tisch gelegt. Jedes Kind darf eine Karte ziehen. Wer das Herzass erwischt, bekommt die Aufgabe.

▷ Hausnummern: Alle Kinder stellen sich in einer Reihe auf. Die Lehrerin fragt ein beliebiges Kind nach seiner Hausnummer und zählt nun die Kinder ab. Auf wen die Hausnummer fällt, der ist an der Reihe.

▷ Piratenspiel: Alle Kinder stehen nebeneinander und strecken beide Hände nach vorn aus. Piraten können bekanntlich höchstens bis drei zählen. Darum tippt die Lehrerin nacheinander auf die Kinderhände und zählt laut: »Eins, zwei, drei.« Auf wessen Hand die »drei« fällt, der versteckt diese Hand hinter dem Rücken. Wer zuerst beide Hände »verloren« hat, darf oder muss die Aufgabe übernehmen.

▷ Stopp! Die Kinder stehen im Kreis. Eines sagt laut »Eins« und zählt in Gedanken weiter. Ein anderes Kind ruft plötzlich: »Stopp!« Nun nennt das erste Kind die Zahl, die es gerade im Sinn hatte, z. B. 17, und zählt die Kinder nach links ab. Das siebzehnte Kind ist an der Reihe.

Gemeinsamkeiten, die stark machen

Ein Fänger rennt den anderen hinterher. Wer sich vor dem Abschlagen retten will, greift schnell nach einem Mitspieler. Sobald der Fänger die beiden erreicht hat, fordert er sie auf, eine Gemeinsamkeit zu nennen. Das könnte z. B. sein:

▷ Wir haben beide eine kleine Schwester.
▷ Unsere Vornamen beginnen mit dem gleichen Buchstaben.
▷ Wir haben beide in der Mathearbeit eine Drei.

Gilt die Gemeinsamkeit, muss der Fänger die beiden laufen lassen und sich ein neues Opfer suchen. Finden die beiden Kinder keine Gemeinsamkeit, gelten beide als abgeschlagen und helfen dem Fänger bei seiner Aufgabe.

Zerreißprobe
Bevor Frust in Aggression umschlägt, darf das betroffene Kind die Zerreißprobe machen und ein von der Lehrerin im Klassenzimmerschrank aufbewahrtes altes Bettlaken oder Hemd in Fetzen reißen. Das macht Spaß, tut niemandem weh und beruhigt.
Auch alte Zeitungen lassen sich prima zerreißen oder zu Knüllbällen verarbeiten.

Knieklopfer

Jeweils zwei Spieler geben sich die rechte Hand und lassen diese während des ganzen Spiels nicht mehr los. Jetzt versuchen beide, mit der linken Hand auf das Knie des Gegners zu klopfen. Das klingt einfacher, als es ist, denn der Partner wird das tunlichst zu verhindern wissen. Wer zuerst ans Knie des Mitspielers klopft, ist Sieger der ersten Spielrunde.

Auf die Sprünge helfen
»Kannst du deine Schuhe binden, bevor alle Mädchen gemeinsam von 1 bis 20 gezählt haben?«»Kannst du einen Bleistift spitzen, bevor alle Kinder, die am Fenster sitzen, von 10 bis 1 rückwärts gezählt haben?« »Kannst du deinen Anorak zuknöpfen, bevor ich in Zehnerschritten von 10 bis 100 gezählt habe?«
Diese Tricks helfen besonders in Situationen, in denen ein oder mehrere Trödler ein bisschen Anschub brauchen.

39 Der böse Wolf

Der böse Wolf versteckt sich im Wald und schaut dem friedlichen Treiben der Pilzsammler, Waldarbeiter und Wanderer zu, die gerade den Wald bevölkern. Weil sein Magen knurrt und ihm beim Anblick der saftigen Menschen das Wasser im Mund zusammenläuft, will er ein Opfer fangen. Bevor der Wolf allerdings zum Angriff startet, heult er noch markerschütternd durch den Wald. Die einzige Möglichkeit, dem Wolf zu entgehen, besteht darin, vollkommen still auf dem Boden zu liegen und dem Wolf damit vorzumachen, man sei schon tot. Der Wolf geht von einer Person zur anderen, schnüffelt hier und dort, hebt auch mal einen Arm an und lässt ihn wieder fallen. Sobald er aber eine Bewegung vernimmt, ein winziges Kichern reicht da völlig, ist es um diese Person geschehen. Der Wolf hat sein Opfer gefunden, das Opfer wird zum neuen Wolf.

Kleine Mutmacher
Erlauben Sie den Schülern, Mutmacher-Maskottchen bei anstehenden Tests, Referaten oder anderen »brenzligen« Situationen auf dem Tisch in Sichtweite zu postieren. Wer sein Maskottchen mal vergisst, aber dringend eines braucht, dem steht das Klassenmaskottchen zur Seite.

40

Bärenhöhle

Wichtig: Ein Tisch wird mit einer bodenlangen Decke darüber zur Bärenhöhle.

Während ein Spieler als Bär in der Höhle sitzt und auf ein Opfer lauert, krabbeln alle anderen Mitspiel-Bären mit klopfendem Herzen um die Bärenhöhle herum, denn jeder weiß: Irgendwann wird der Bär aus seiner Höhle hervorschielen und einen der Krabbelbären als Opfer in seine Höhle zerren. Wer auf diese Weise gefangen wurde, wird neuer Höhlenbär, und der alte hat Gelegenheit, seine Untat nun als Krabbelbär zu bereuen.

Verstärkung
Das Selbstbewusstsein eines Kindes wächst im gleichen Maße, wie die von ihm geschätzten Menschen in seiner Umgebung auf sein Tun reagieren. Macht das Kind einen Entwicklungsfortschritt, braucht es die positive Bestätigung des Erziehers als Reaktion. Ein Nicken, ein Lächeln, ein Daumenhoch-Zeichen reichen meist schon aus. Das Kind lernt jeden Tag etwas hinzu und es wird noch mutiger und noch sicherer, je mehr positive Verstärkung es bekommt.

Das V-Spiel

Immer zwei Kinder, die etwa gleich groß und gleich schwer sind, spielen zusammen. Sie stellen sich einander gegenüber, Fußspitzen an Fußspitzen, und greifen die Handgelenke ihrer Spielpartner (siehe Illustration!). Dieser Griff ist wichtig, weil er sicherer ist als die einfache Handfassung.
Jetzt legen sich beide Spieler langsam nach hinten. Die Arme sind gerade und beide Spieler bilden gemeinsam ein V mit ihren Körpern. Wenn man sich zudem noch in die Augen schaut, unterstützt das die Balance und das Vertrauen zueinander.

Variation: Das »A«-Spiel
Wieder stehen sich die beiden Kinder gegenüber, diesmal mindestens einen großen Schritt weit auseinander. Die Köpfe stoßen fast zusammen und die Handflächen der Partner liegen aufeinander. So halten sich die Spieler wieder gegenseitig im Gleichgewicht.

Ritterwappen

Wichtig: für jedes Kind ein Arbeitsblatt mit Wappenumriss

Alle stellen sich vor, demnächst als Ritter ins Turnier zu ziehen. Damit der Gegner schon vorher Angst bekommt, malt jeder sein persönliches Wappen auf sein Schild und seine Rüstung. Dazu bekommt jedes Kind ein Blatt mit den Umrissen eines Wappens, das es nun möglichst furchterregend gestalten darf. Ein Kind malt vielleicht ein aufgerissenes Krokodilmaul auf sein Wappen, ein anderes findet einen Totenkopf besonders schrecklich.
Sind alle Wappen fertig, betrachten die Kinder die Wappen der Mitschüler und sprechen dann darüber, welche Wappen ihnen besonders schrecklich erscheinen und warum.

Außerschulisches Engagement
Ganz egal, ob ein Schüler beim Skiabfahrtsrennen gewonnen hat oder Letzter wurde, sein Mut und Engagement werden von der ganzen Klasse gewürdigt und gefeiert. Jeder, der sich außerschulisch betätigt, wird aufgefordert, den Mitschüler von seinen Erlebnissen zu berichten. Zeitungsausschnitte, Fotos und Urkunden werden im Klassenzimmer aufgehängt. Vielleicht bekommen ja die anderen Kinder auch mal Lust, der Theatergruppe beim Proben zuzuschauen oder eine Judo-Schnupperstunde zu belegen.

Drei-Minuten-Ansprache

Wichtig: Getränkekiste; Kiste mit Themenzetteln

Es ist nicht jedermanns Sache, frei vor einer größeren Gruppe eine Rede zu halten. Damit sich auch die scheuen Schüler langsam daran gewöhnen können, gibt es dieses kleine Spiel.
Vor der Klasse wird ein Podium, bestehend aus einer umgedrehten Getränkekiste, aufgebaut. Dann wird ein Kind ausgewählt, das nun die Ansprache halten soll. Ihm wird völlig freigestellt, worüber es reden möchte. Ein Kind erzählt vielleicht etwas von seiner Familie oder über den Tischtennisverein, in dem es mitspielt, ein anderes referiert über schnelle Autos, erzählt von einem Buch oder einfach nur einen Drei-Minuten-Witz.
Waren alle Kinder im Laufe der Zeit an der Reihe, wird die Sache schwieriger. Jetzt darf der Redner zuerst einen Zettel aus der Themen-Lostrommel ziehen, bevor er drei Minuten zu diesem Thema spricht. Auf den Zetteln stehen allgemeine Themen wie: Haustiere, Ferienerlebnisse, Sport, Schule.

Besonders schüchterne Kinder tun sich beim Reden leichter, wenn sie auf ihrem Platz sitzen bleiben dürfen.

Suche im Dunkeln

Wichtig: Taschenlampe, dunkler Raum

Für dieses spannende Spiel wird ein Raum gebraucht, den man sehr gut verdunkeln kann. Bevor das Licht ausgeschaltet wird, bekommt ein Kind eine Taschenlampe. Dann bewegen sich die Kinder frei im Raum und die Lehrerin nennt den Namen eines Schülers, der nun von dem Taschenlampen-Kind gesucht werden soll. Während der Sucher mit seiner Lampe umherleuchtet und die Mitschüler die gespenstische Szene noch mit ein paar gruseligen Heultönen untermalen, versucht das ausgewählte Kind dem Strahl der Lampe zu entgehen. Aber irgendwann ist es dann doch so weit und der Sucher fängt das Kind mit seinem Licht. Dann wird gewechselt.

Noch

Wie wichtig das Wörtchen »noch« ist, merkt man erst, wenn man sich bemüht, es in jede Aussage eines Schülers über seine eigenen Schwächen einzufügen. Ein Schüler sagt vielleicht: »Ich kann keine Purzelbäume.«, und Sie wiederholen den Satz und sagen: »Du kannst noch keine Purzelbäume.« »Ich kann das 3er-Einmaleins nicht.« »Du kannst das 3er-Einmaleins noch nicht.« Eine kleine Veränderung, die sehr motivierend wirkt und Mut macht.

Ich könnte platzen!

Wichtig: Luftballon

Zwei, die sich fürchterlich übereinander geärgert haben, dürfen ihre Wut auf folgende Art ein wenig lindern: Die Kinder stellen sich einander gegenüber so nah auf, dass gerade noch ein aufgeblasener und fest zugeknoteter Luftballon zwischen ihnen Platz hat. Dann gibt die Lehrerin das Startzeichen und sofort versuchen die beiden wütenden Kinder den Luftballon so fest zwischen ihren Bäuchen zu quetschen, dass er platzt.
Achtung: Die Arme und Hände dürfen weder den Ballon noch das andere Kind berühren!

Lächeln
Lächeln Sie viel, oft und ganz bewusst Ihre Schüler an. Das Lächeln löst bei einem Kind das Gefühl aus, als Individuum gesehen zu werden, akzeptiert zu sein und einen besonderen Stellenwert im Leben der anderen Person einzunehmen.

Mutschaukel

Ein Kind stellt sich in die Mitte und die anderen stehen in engem Kreis um dieses Kind herum. Das Schaukelkind braucht Mut und Vertrauen zu seinen Mitschülern, denn ohne seinen Standplatz zu verlassen, fällt es nun mit angewinkelten Armen und den Handflächen nach vorne langsam auf ein Kreiskind zu. Dieses Kreiskind schiebt das Schaukelkind vorsichtig wieder zurück. Während sich nun der Kreis ein Stückchen nach links dreht, fällt das Schaukelkind auch schon wieder um, wird nun vom nächsten Mitschüler sanft gebremst und zurückgeschubst. So geht es weiter, bis jedes Kreiskind einmal an der Reihe war.

Fehlerlos?
Keine Lehrerin und kein Lehrer können ernsthaft von sich behaupten, in Erziehungssachen noch nie einen Fehler gemacht zu haben. Fehler gehören dazu und ein Schüler nimmt keinen Schaden, wenn ab und zu etwas schiefläuft. Sehen Sie die Sache locker und denken Sie daran, dass jeder Fehler, den man sich eingesteht, Folgefehler verhindert.

Wenn der Kaktus reden könnte ...

Der Kaktus auf dem Fensterbrett ist an jedem Schultag Augen- und Ohrenzeuge der Geschehnisse in der Klasse. Was würde er wohl sagen, wenn er sprechen könnte? »Ich bitte um ein bisschen mehr Ruhe!« »Bitte weniger oft gießen!« »Darf ich mal auf einem anderen Fensterbrett stehen?« »Wie sieht es sonst in dieser Schule aus?«
Die Kinder dürfen einen Moment lang überlegen und dann ihre Einfälle nennen.
Beim nächsten Mal geht es weiter mit der sprechenden Klassenzimmertür, der Tafel, dem Papierkorb ...
Solche Fragen beflügeln die Fantasie der Kinder und die Ergebnisse werden immer origineller, je öfter man spielt.

Anfang und Ende

Wichtig: Overheadprojektor; geeignete Geschichten

Die Lehrerin schreibt auf eine Folie des Overheadprojektors mindestens fünf »letzte Sätze« von verschiedenen Geschichten und nummeriert die Sätze. Dann liest sie der Klasse den ersten Satz einer Geschichte vor und die Schüler sollen erraten, welches der dazu passende »letzte Satz« ist. Dabei nennt das Kind nun nicht einfach die Nummer des Satzes, sondern erzählt seinen Mitschülern, wie die Geschichte verlaufen sein könnte, damit gerade dieser Satz der letzte ist.

In den Schuhen anderer

Immer wieder zwischendurch wird den Kindern eine Frage gestellt, mit der sie sich in bestimmte Situationen hineindenken können, z. B.:

- ▷ Stell dir vor, du wärst die Mutter von acht Kindern. Wie sieht wohl dein Morgen in dieser Familie aus, bis alle Kinder das Haus verlassen haben?
- ▷ Stell dir vor, du wärst ein Hund. Welche Vor- und Nachteile hätte dein Hundeleben im Vergleich zu deinem Leben jetzt?
- ▷ Stell dir vor, du wärst Direktorin unserer Schule. Welche drei Veränderungen würdest du sofort vornehmen?
- ▷ Stell dir vor, du wärst ein weltberühmter Star. Welche Vor- und Nachteile hätte dieses Leben im Vergleich zu deinem Leben jetzt?
- ▷ Stell dir vor, du wärst obdachlos. Wo würdest du schlafen? Wie würdest du versuchen, Geld zu verdienen? Woher nimmst du dein Essen?

Ich bin glücklich, weil ...

Jedes Kind ist einmal an der Reihe, diesen Satz vor seinen Mitschülern zu ergänzen. Wer gerade nicht so glücklich ist, verändert den Satz in »Ich bin glücklich, wenn ...«
Es heißt z. B.: »Ich bin glücklich, weil heute ein toller Tag ist und mich mein Papa von der Schule abholen wird.« Oder: »Ich bin glücklich, wenn Tina endlich wieder gesund ist und ich nicht mehr allein sitzen muss.«
Zum Schluss darf die Lehrerin sagen, was sie glücklich macht.

Danke-Glas
Gebraucht werden ein Schraubglas und ein Säckchen mit bunten Murmeln oder Perlen. Kurz bevor der Schultag zu Ende geht, stellt die Lehrerin das Glas auf ihren Tisch. Dann überlegen alle gemeinsam, wofür sie heute dankbar sein können, worüber sie sich gefreut haben. Ein Kind sagt vielleicht, dass es dankbar ist, seinen Bus in der Früh nicht versäumt zu haben. Es steht auf, nimmt eine Murmel und legt sie ins Glas. Dann ist ein anderes Kind an der Reihe, das sich z. B. über die Unterstützung seines Banknachbarn gefreut hat. Es gibt Tage, da wird das Glas nur unmerklich voller, und andere, da fällt fast jedem Kind etwas Passendes ein.
Wenn das Glas gefüllt ist, gibt es eine kleine Überraschung für die ganze Klasse.

Das geteilte Lied

Zwei Kinder singen gemeinsam ein Lied, und zwar so: Eines singt das erste Wort, der Partner singt das zweite, das erste singt das dritte Wort usw. Das klingt einfach – ist aber ziemlich schwierig! Deshalb sind am besten einfache Lieder wie »Alle meine Entchen« oder »Ich gehe mit meiner Laterne« geeignet.
Nach einiger leiser Übung ist es ein besonderer Spaß, das Gemeinschaftslied der Klasse vorzusingen.

Ganz schön pfiffig

Gestresste, aggressive oder frustrierte Schüler werden gleich wieder ausgeglichener, wenn sie pfeifen dürfen. Ohne auf die vorhergehende Situation einzugehen, fordert man die Kinder auf, gemeinsam ein Lied zu pfeifen. Besonders gut klappt das, wenn man ein entsprechendes Lied auf CD mitlaufen lässt. Der Trick besteht darin, dass verbissene Mienen nicht pfeifen können. Die Gesichtsmuskeln entspannen sich beim Pfeifen, die fetzige Musik heitert auf und bringt die Schüler wieder zusammen.

Kleine Lese-Lotterie

Wichtig: für jedes Kind ein Zettel mit einem Tier, einer bekannten Figur

Ein kleines Entlein würde, wenn es könnte, selbstverständlich anders vorlesen als ein schauriges Schlossgespenst; ein scheues Reh schlägt einen anderen Ton an als ein Roboter usw.
Vor dem Lesen darf jedes Kind ein Los ziehen. Auf die Lose hat die Lehrerin die Namen solch unterschiedlicher Wesen geschrieben.
Hat jeder ein Los bekommen und still für sich festgestellt, mit wessen Stimme er später vorlesen soll (wenn er aufgerufen wird), kann der Lesespaß beginnen.
Nach jedem Lesegenuss raten die Mitschüler, wessen Stimme sie wohl gerade gehört haben. »Timo« ist jetzt allerdings die falsche Antwort! Richtig ist in diesem Fall: »Mickymaus«.

53

Ich bin, ich kann, ich habe – du bist, du kannst, du hast

Jedes Kind hat etwas, auf das es stolz sein kann. Es muss es sich nur bewusst machen. Dieses Spiel bringt positive Gedanken, vertreibt Anspannung und fördert das Selbstwertgefühl der Schüler.
Die Lehrerin geht durch die Klasse, sagt: »Ich bin ...« und ruft ein Kind auf, das diesen Satz ergänzt, z. B.: »Ich bin lieb und geduldig mit meiner kleinen Schwester.« Die Lehrerin sagt: »Ich kann ...« und ruft den nächsten Schüler auf, der vielleicht diesen Satz bildet: »Ich kann prima Fußball spielen.« Der dritte Satz könnte lauten: »Ich habe einen Opa, der mir jeden Tag eine Mail schickt.« Jedes Kind in der Klasse sollte Gelegenheit bekommen, einen Satz zu sagen.

Das Spiel kann sich auch auf die Mitschüler beziehen. Der aufgerufene Schüler sagt dann etwas über seinen Banknachbarn oder sucht sich selbst ein Kind aus, über das er sprechen möchte.

Was sollen wir tun?

Die Lehrerin gibt eine ungewöhnliche Situation für die ganze Klasse vor, über die die Schüler nachdenken sollen. Welche Lösung könnte es dafür geben? Wichtig ist, dass die Situation gemeinsam bewältigt wird.

- ▷ Stellt euch vor, man würde einen Kinofilm mit unserer Klasse drehen. Welcher Film könnte das sein? Wer spielt welche Rolle? Worum könnte es gehen?
- ▷ Stellt euch vor, die ganze Klasse müsste in einer Höhle überwintern. Was müsstet ihr mitnehmen? Was würdet ihr die ganze Zeit in der Höhle tun?
- ▷ Ihr habt ein Löwenbaby/eine Riesenschildkröte/einen Schimpansen gefunden und wollt das Tier auf dem Schulgelände verstecken. Wo könnte das Tier hin? Was braucht es?

Oder wir spielen so:

- ▷ Wenn du die Welt ändern könntest, was würdest du sicherer (stärker, bunter, kleiner, größer ...) machen?
- ▷ Wenn du die Welt ändern könntest, welchen Gegenstand würdest du lebendig werden lassen?
- ▷ Wenn du die Welt ändern könntest, was würdest du komplett verschwinden lassen?

Manche Fragen kann man auch (als Hausaufgabe) schriftlich beantworten lassen. Im Unterricht werden dann einzelne Antworten vorgelesen und die Schüler raten, von welchen Kindern die Antworten stammen.

Luftschwimmen

Jedes Kind streckt seine Arme gerade nach vorne und legt die Handflächen aneinander. Auf das Zeichen der Lehrerin drehen sich die Handflächen nach außen und die Arme bewegen sich auf gleicher Höhe nach links und rechts, sodass die Kinder nun mit seitlich ausgestreckten Armen an ihren Plätzen stehen. Während die Arme diese Bewegung ausführen, atmen die Kinder tief ein. Nun führen die Kinder ihre Hände weiter in der Schwimmbewegung vor dem Körper in die Startposition zurück und atmen dabei tief aus. Gleich noch mal: Tief einatmen, dabei die Arme langsam zur Seite strecken, als würde man in der Luft schwimmen, und wieder ausatmen. Etwa zehnmal hintereinander sollte die Atemübung stattfinden. Danach fühlt man sich deutlich entspannt.

Schneckensport

Alle Kinder liegen bequem auf dem Boden. Die Lehrerin ist die Schneckentrainerin, die nun nacheinander verschiedene Gymnastikübungen vorgibt. So will sie vielleicht, dass die Schnecken ihre Köpfe von der linken auf die rechte Seite rollen. Aber halt! Nicht so hektisch! Die Übung muss mindestens eine Minute dauern, bis alle Schnecken sie ausgeführt haben! Danach können die Schnecken ihre rechten Fühler nach oben strecken oder ein Bein anwinkeln. Zum Glück gibt es für jede Übung genügend Zeit, sodass kein Stress aufkommt und alle Schnecken nach einigen Übungen perfekt durchtrainiert und entspannt wieder an ihre Arbeit gehen können.

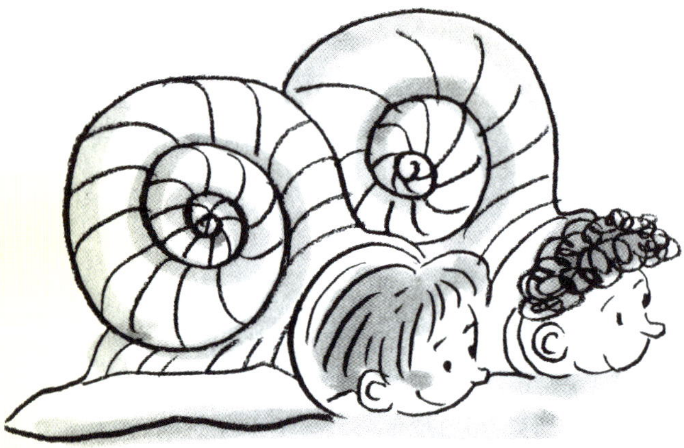

Musikuhr

Eine Musikuhr verzaubert nicht nur Babys und hilft ihnen beim Entspannen, sie übt die gleiche Wirkung auch auf Grundschulkinder aus. Während die Musik spielt, darf jeder Schüler sich nach Belieben strecken und räkeln oder die Augen schließen und seinen Kopf für ein kleines Nickerchen in die verschränkten Arme legen.

Ein Gedicht

Ein Kind, das heute Geburtstag hat oder aus anderen Gründen besondere Aufmerksamkeit verdient, schließt die Augen, schlägt das Lesebuch an beliebiger Stelle auf und deutet mit dem Finger auf eine Stelle der linken oder rechten Seite. Jetzt öffnet das Kind seine Augen und liest drei oder vier Wörter vor, die dort stehen. Die Wörter werden an die Tafel geschrieben und jeder Schüler versucht, sie in einem kleinen Gedicht oder einem Reim unterzubringen.
Bestimmt wurde z. B.: »Hinter dem alten Gartenhaus ...«, und ein passendes Gedicht könnte lauten:

Oh Graus!
Eine kleine, lila Maus
wohnt hinter dem alten Gartenhaus.
Knabbert hier und knabbert dort,
sucht sich bald 'nen neuen Ort.

Je öfter dieses Spiel durchgeführt wird, umso toller die Ergebnisse!

Hand auf Hand

Immer zwei Kinder stellen sich gegenüber, legen ihre Handflächen aneinander und schließen die Augen. Wenn die Lehrerin in die Hände klatscht, drehen sich die Paare langsam einmal auf der Stelle im Kreis. Ohne dabei auch nur zu blinzeln, versuchen sie, die Hände des Spielpartners wiederzufinden.

Sternwerfer (Wunderkerzen)

Heben Sie nach Weihnachten unbedingt ein paar Sternwerfer für besondere Anlässe im kommenden Jahr auf! Wenn es etwas zu feiern gibt oder die Stimmung gehoben werden muss und die ganze Klasse im Stuhlkreis versammelt ist, löschen Sie die Lichter, zünden Sie den Sternwerfer an und lassen ihn einmal im Kreis von Kind zu Kind weitergeben.

Fußturm

Die Schüler legen sich zu zweit nebeneinander auf den Boden. Nachdem sie sich ein bisschen gestreckt und entspannt haben, beginnt der Turmbau. Dazu stellt der linke Spieler seinen rechten Fuß auf die Ferse, sodass die Zehen zur Zimmerdecke zeigen. Der rechte Spieler stellt seinen linken Fuß darauf, dann hebt der linke seinen linken Fuß obendrauf und zum Schluss kommt der rechte Fuß des rechten Kindes.
Jetzt wird der unterste Fuß aus dem Turm gezogen und wieder ganz oben auf der Turmspitze angebaut. Der Fuß, der jetzt die Basis des Turmes bildet, wird als nächster herausgezogen und wieder oben angebaut. So geht das immer schneller weiter, bis schließlich ein großes Durcheinander entsteht, alle lachen und der Turm sich auflöst.

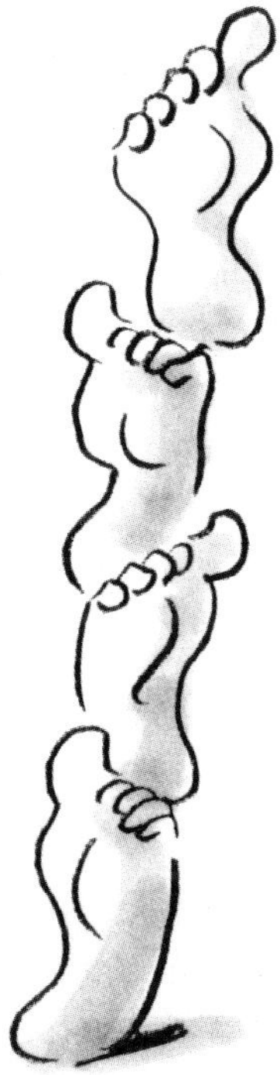

Lippenmaler

Wichtig: ein präpariertes Stück Kreide

Das ist ein lustiges Ratespiel. Alle Kinder sitzen auf ihren Plätzen und passen auf wie Luchse. Ein Schüler kommt vor zur Tafel, klemmt sich eine Kreide, die zuvor ein »Mundstück« aus einem frischen Stück Zellstoffpapier bekam, zwischen die Lippen und schreibt den ersten Buchstaben eines beliebigen Wortes an die Tafel. Dann folgt der zweite Buchstabe und so weiter. Wer als erster Mitschüler das Geheimwort nennt, ist als nächster Lippenmaler an der Reihe.

Die Katzen sind los!

Die Lehrerin verwandelt alle Kinder in Katzen, die daraufhin auf allen vieren durch das Klassenzimmer schleichen. Jede Katze tut, was sie will, aber das ganz leise! Keinen Mucks darf man hören, nicht mal ein leises Maunzen ist zu vernehmen. Die Vierbeiner streifen durch den Raum, beschnuppern sich gegenseitig, dürfen sich auch mal die Krallen zeigen oder schmiegen sich an die Beine der Lehrerin. Nach einigen Minuten gibt die Lehrerin einem Tier laut und deutlich ein Zeichen zur Katzenjagd. Wer von dieser Wildkatze berührt wird, darf selbst auch zum Katzenjäger werden. Wenn schließlich alle Katzen abgeschlagen sind, schleichen sie sich wieder auf ihre Plätze.

Handtuchkopf

Wichtig: Augenbinde und Handtuch

Einem Schüler werden die Augen verbunden, einem anderen wird ein Handtuch über den Kopf gelegt. Jetzt soll der erste den unbekannten Handtuchkopf so lange abtasten, bis er glaubt, den Namen des Kindes zu kennen. Stimmt die Lösung, wird der Spieler von seiner Augenbinde befreit. Stimmt sie nicht, darf er das Gesicht kurz ohne Handtuch-Abdeckung betasten. Na, jetzt klappt's aber bestimmt!

Der Letzte gewinnt

Immer zwei Schüler spielen gegeneinander. Zuerst wählen sie einen beliebigen Abschnitt des Alphabets aus, der aus zehn Buchstaben besteht, z. B.:
E F G H I J K L M N
Nun sagt abwechselnd jeder Spieler ein Wort, in dem mindestens einer dieser Buchstaben vorkommt, und streicht diese Buchstaben aus der Reihe. Ein Schüler sagt z. B. »Hilfe« und streicht E, F, H, I, L. Der Spielpartner sagt »Jacke« und streicht das J und das K. So wird weitergespielt, bis schließlich einer der beiden den letzten Buchstaben streicht und damit gewinnt.

Steintürmchen

Wenn Sie mit der Klasse an einen Ort kommen, an dem es viele Steine gibt, darf jedes Kind für sich ein Steintürmchen aufbauen. Diese Aufgabe entspannt und trainiert zugleich die Konzentration. Einem Brauch zufolge legt jedes Kind ein Blatt oder eine Blüte unter einen der Turmbausteine und wünscht sich etwas. Natürlich darf man nicht verraten, was man sich gewünscht hat!

Gute Gedanken

Die Fenster im Klassenzimmer werden geöffnet, sodass alle Schüler jetzt intensiv frische Luft atmen können. Jedes Kind steht an seinem Platz. Während es nun tief einatmet, denkt es an einen Menschen, ein Tier oder ein Ding, das es gerne hat. Beim Ausatmen flüstert es ganz leise dessen Namen. Auf diese Weise atmen alle Schüler etwa zehnmal tief ein und aus. Ein kleines Spiel, das schnell und effektiv Körper und Seele erfrischt.

Schreibmaschine

Eine alte Schreibmaschine, z. B. vom Flohmarkt, kann Grundschulkinder der ersten und zweiten Klasse lange beschäftigen. Da kann man lauter Buchstabenquatsch zusammentippen und den Banknachbarn, den Freund oder die Lehrerin vorlesen lassen.

Oder ein Kind sucht die Buchstaben heraus, die sich ähnlich sehen, z. B. N und M; P und R; O und Q, und ein anderes versucht, seinen Vornamen und andere Wörter nach Vorlage zu schreiben. Eine ideale Beschäftigung für Freiarbeit.

Da fehlt doch was!

Wichtig: Auf zwei Tabletts werden genau die gleichen zehn Dinge gelegt, z. B.: ein Stift, ein Gummiring, eine Büroklammer, ein Pappbecher, ein Radiergummi usw.; eine Augenbinde

Während jetzt einem Kind die Augen verbunden werden, nimmt ein anderes Kind einen Gegenstand von einem Tablett weg. Nun darf das »blinde« Kind die Dinge auf beiden Tabletts abtasten und vergleichen. Es soll möglichst schnell herausfinden, welcher Gegenstand auf dem einen Tablett fehlt.

Im Kreis herum

Für dieses Entspannungsspiel setzen sich alle Kinder im Kreis auf ihre Stühle, reichen sich die Hände und schließen die Augen.
Die Lehrerin tippt ein Kind an und summt einen beliebigen Ton vor. Nun darf dieses Kind entweder dem linken oder dem rechten Nachbarn die Hand drücken und damit die Richtung bestimmen, in die der Ton weitergeschickt wird.
Das Kind, dessen Hand gedrückt wird, nimmt den Ton auf und summt ihn. Der erste Spieler verstummt. Ist der Ton einmal im Kreis herumgeschickt worden, darf ein anderes Kind einen Ton vorgeben und ihn weitergeben.
Lustiger, aber nicht ganz so entspannend wird das Spiel, wenn Geräusche verschickt werden. Das kann ein knatterndes Motorengeräusch sein oder ein Hundebellen, ein Krächzen oder ein gespenstischer Heulton.

67

Rückenball

Wichtig: ausreichend Bälle; Musik

Brauchen die Schüler ein bisschen Bewegung? Rückenball ist das ideale Partnerspiel dafür. Immer zwei Kinder und ein Ball spielen zusammen. Der Ball steckt zwischen den Rücken der beiden Kinder, die sich jetzt gleich zur Musik in geschmeidige Tänzer verwandeln. Jeder tanzt, wie er will, muss dabei nur darauf achten, dass der Ball nicht aus seiner Lage plumpst. Wenn das doch passiert, setzen sich diese Tanzpartner wieder auf ihre Plätze und schauen den anderen beim Tanzen zu. Die letzten beiden haben gewonnen!

68

Alles Banane!

Die Kinder sitzen auf ihren Plätzen. Die Lehrerin gibt jetzt nacheinander bestimmte Anweisungen, z. B.: »Alles blau!«. Sofort stehen die Kinder auf, laufen durchs Zimmer, berühren etwas Blaues (Martinas Schultasche, Timos Pullover, die Wanduhr ...) und setzen sich wieder, mit verschränkten Armen, als Zeichen, dass die Aufgabe erledigt ist, auf ihre Plätze. Schon heißt es: »Alle vier Wände!« Die Kinder springen auf, berühren schnell alle Wände und sausen zurück auf die Plätze. Interessant wird es, wenn es heißt: »Alles Holz!« oder »Alles Leder!« »Alles Feuerlöscher!« oder »Alles Banane!«

Tütenwecker

Wichtig: Küchenwecker, Tragetüte

Die Spieler sitzen im Stuhlkreis. Die Lehrerin stellt einen gewöhnlichen Küchenwecker so, dass er in einer halben oder einer Minute anfängt zu rasseln, und legt ihn in eine Tragetüte. Der erste Spieler schnappt sich die Tüte und trägt sie zu einem beliebigen Mitspieler. Der muss die Weckertüte annehmen, wird sie aber sofort zu einem weiteren Kind tragen, damit der Wecker nicht anfängt zu rasseln, solange er in seiner Obhut ist. Wer nämlich in dem Augenblick die Tüte in Händen hält, scheidet aus.
Alle Kinder, die nach etwa fünf Minuten noch nicht ausgeschieden sind, freuen sich über ihren Sieg.

Tu, was ich sage!

Die Schüler stehen an ihren Plätzen und die Lehrerin gibt ganz schnell hintereinander seltsame Anweisungen, wie:

- ▷ Berühre deinen rechten Ellbogen mit deiner linken Hand!
- ▷ Nimm deinen linken Fuß in die rechte Hand!
- ▷ Berühre deine rechte Augenbraue mit deinem linken Knie!
- ▷ Stelle dein linkes Bein hinter das rechte und gehe langsam in die Knie!
- ▷ Führe beide Hände hinter deinem Rücken zusammen und klatsche dreimal!
- ▷ Berühre dein rechtes Ohr mit deiner rechten Schulter und danach dein linkes Ohr mit deiner linken Schulter!

Hampelmänner fangen

Ein Kind wird zum Fänger und rennt hinter den anderen her, um sie abzuschlagen. Wer kurz davor ist, vom Fänger erwischt zu werden, bleibt stehen und macht »Hampelmann«, so lange, bis der Fänger einem anderen Opfer hinterherflitzt und die Gefahr vorüber ist. Wenn viele Kinder mitspielen, darf sich der Fänger noch einen anderen Schüler aussuchen, der ihm beim Fangen hilft.

Gedächtnishilfen

Ob es um eine Einmaleinsreihe, einen Merktext oder Reihen wie das Alphabet oder die Monate geht, auf diese Weise macht das Lernen Spaß und das Gelernte bleibt leichter im Gedächtnis:

Lassen Sie die Schüler den Text

- ▷ singen,
- ▷ wie Gespenster vorheulen,
- ▷ wie Roboter in abgehackter, mechanischer Weise sprechen,
- ▷ ganz traurig und langsam schluchzen,
- ▷ wie Hexen vorkrächzen,
- ▷ rappen,
- ▷ bei jeder Zahl (Buchstabe, Silbe, Wort) in die Hände klatschen usw.

Luftballonrekorde

Wichtig: genügend Luftballons

- ▷ Wem gelingt es, zwei aufgeblasene Luftballons nur durch Antippen drei Minuten lang in der Luft zu halten, ohne dass einer davon zu Boden fällt oder an Decke oder Wände stößt?
- ▷ Jeder Schüler erhält einen Luftballon, bläst ihn auf und verknotet ihn. Dann legt sich jeder den Ballon vor seine Brust und schiebt ihn, sobald das Startzeichen gegeben wird, zum Ziel. Wessen Ballon auf den Boden fällt, bleibt an dieser Stelle stehen, und wer die weiteste Strecke zurücklegt, gewinnt das Rennen.

Herrchen und Hund

Wichtig: Augenbinden

Die Kinder spielen in Partnergruppen zusammen, wobei immer ein Kind das Herrchen/Frauchen und das andere Kind der Hund ist. Bevor sich nun alle Hunde in der Mitte des Raumes auf allen vieren versammeln und beschnüffeln, bekommt jeder von seinem Herrn eine Augenbinde und einen Namen. Die Herrchen gehen im Kreis um die Hunde herum, während diese in der Mitte sitzen und darauf warten, dass sie gerufen werden. Sobald die Lehrerin das Startzeichen gibt, ruft jedes Herrchen nach seinem Hund. Für den Hund wäre es leicht, zu seinem Herrchen zu gelangen, wenn nicht alle durcheinanderschreien würden und nicht jeder zweite Vierbeiner auf den Namen »Bello« hören würde. Applaus für die drei schnellsten Spielerpaare!

Ball auf Wanderschaft

Wichtig: kleiner Ball

Alle Spieler stehen im Kreis und strecken ihre Hände mit der Handfläche nach unten so aus, dass sich die Handkanten aller Schüler im Kreisinneren berühren. Auf den Handrücken eines Schülers wird ein kleiner Ball gelegt. Ganz, ganz vorsichtig versuchen die Schüler nun, den Ball von einem Handrücken auf den anderen rollen zu lassen. Natürlich darf der Ball auf seiner Wanderschaft nicht herunterfallen! An heißen Sommertagen wird der Ball durch einen Eiswürfel ersetzt.

75

Klassenmonster

Ein Schüler, der heute besonders viel Bewegung und Aufmerksamkeit braucht, wird zum Klassenmonster gekürt. Er gibt nun die wildesten Bewegungen und Geräusche vor, die alle Mitschüler sofort nachmachen. Er wackelt mit den Händen, während er gruselige Grunzlaute von sich gibt. Dann hüpft er auf dem Platz, hebt seine Arme in die Luft und klatscht dabei in die Hände. Je ausgeflippter und schneller die Bewegungen des Monsters, umso lustiger wird es für seine Nachahmer.

Und was jetzt?

Auf kleine Zettel schreibt man einfache Rätsel und Spielaufgaben, die ein Kind allein durchführen kann und für die es nicht länger als fünf Minuten braucht, z. B.:

- ▷ Zähle die Fenster im Haus gegenüber der Schule!
- ▷ Wie viele Dinge findest du im Klassenzimmer, die mit F beginnen?
- ▷ Wenn man die Vornamen von allen Kindern in deiner Klasse nach dem Alphabet ordnen würde, welches Kind wäre dann auf Platz 1?
- ▷ Schreibe so viele Tiernamen wie möglich auf, die aus einer Silbe bestehen! (Fuchs, Hund, Hirsch ...)

Die Zettel werden gefaltet in einer Schuhschachtel aufgehoben. Wenn ein Kind mit seiner Aufgabe schon fertig ist, darf es sich hier einen Zettel holen.

Partnerschlangen

Immer zwei Kinder bilden eine Schlange und legen sich hintereinander auf den Turnhallenboden. Das hintere Schlangenkind hält die Füße seines »Vorderteiles« fest. So liegen die Schlangen am Start und warten auf das Startzeichen. Dann schlängeln sie sich so schnell wie möglich in Richtung Ziel. Wer dort zuerst ankommt, gewinnt.

Bumerang
Lernen Sie, wie man einen Bumerang richtig wirft, und demonstrieren Sie Ihr Können den Kindern. Sprechen Sie dann mit den Schülern darüber, dass das, was man tut, meistens zu einem zurückkommt. Das beginnt am Morgen damit, wie man anderen Klassenkameraden begegnet, und umfasst freundliche oder patzige Antworten, ein aufmunterndes Lächeln oder böse Worte, Hilfestellung oder Gleichgültigkeit gegenüber Schwächeren.

Airbag

Wichtig: viele Luftballons

Alle Kinder stellen sich hintereinander im Schulhof auf. Die Lehrerin quetscht nun aufgeblasene Luftballons zwischen die Kinder, also: Kind, Luftballon, Kind, Luftballon ...
Ist jeder auf diese Weise mit einem Airbag ausgestattet, ertönt das Startsignal und die Schlange setzt sich langsam in Bewegung. Da heißt es dann gut aufpassen, nicht zu schnell und nicht zu langsam werden, denn die Ballons dürfen nur mit Rücken und Bauch in Position gehalten werden.
Ein Spiel, das allen Schülern Spaß macht und bei dem Konzentration und Koordination geschult werden.
Statt Luftballons kann man auch gewöhnliche Gymnastikbälle verwenden.

Begrüßung

Man muss sich ja nicht immer mit den Händen begrüßen. Heute nehmen wir zur Abwechslung die Füße dazu, die Schultern oder die Ellbogen. Freundlich ist auch eine Hand-Nasen-Begrüßung oder ein kurzes Aneinanderreiben der Ohren.

Außerdem grüßen wir heute mal in einer anderen Sprache, z. B.:
Bonjour (Französisch)
Good morning (Englisch), oder ganz vornehm: How do you do?
Shalom (Hebräisch)
Buon giorno (Italienisch)
Dos vidanya (Russisch)
Hola (Spanisch)
Fällt jemandem noch eine andere Sprache ein?

Was soll das Ding in meiner Hand?

Wichtig: passende Gegenstände

Die Kinder sitzen im Kreis. Die Lehrerin holt nun einen beliebigen Gegenstand, z. B. einen Ball, hervor und gibt ihn ihrem rechten Sitznachbarn weiter. Der nimmt den Ball, benutzt ihn aber auf ungewöhnliche Weise. Vielleicht tut er so, als beiße er hinein, um zu zeigen, dass es sich um einen Apfel handelt. Das nächste Kind verwandelt den Ball vielleicht in ein Baby und schaukelt es sanft im Arm, bevor es den Ball seinem Nachbarn weiterreicht, der ihn vielleicht als Kopfkissen benutzt.
Kein Problem, wenn einem Kind gerade mal nichts Neues einfällt. Dann gibt es den Ball einfach weiter. Fantasie kann man nicht erzwingen, aber trainieren. Deshalb wird das Spiel auch immer origineller und lustiger, je öfter man es spielt.

80

Zeitvertreib für Rechenkünstler

Rechenkünstlern wird es nie langweilig. Da kann man nämlich so einiges berechnen:

▷ Wie viele Tage bin ich alt (Schalttage nicht vergessen!)?

▷ Wie viele Tage ist der Banknachbar alt (der beste Freund, Mama, Papa)?

Man kann auch seinen viertausendsten Tag auf Erden feiern wie den nächsten Geburtstag!

Geduld

Jeder weiß: Ein Lehrer, der keine Geduld hat, hat seinen Beruf verfehlt. Aber manchmal reißt trotzdem der sprichwörtliche Faden. Erste Hilfe zum Abspannen und Neue-Geduld-Schöpfen ist schon unterwegs: Schauen Sie aus dem Fenster, schließen Sie die Augen und sagen Sie sich selbst in Gedanken das Wort »Geduld« mehrmals ganz langsam vor. Sie merken schnell, wie Sie wieder Ihren seelischen Normalzustand erreichen.

Abstrakte Kunst

Wichtig: Vor dem Spiel werden viele Zettel vorbereitet, auf die man jeweils den Namen eines Gegenstandes schreibt, z. B. Topf, Tasse, Auto usw.; Overheadprojektor

Zu Beginn zieht jedes Kind einen Zettel und liest leise, was darauf steht. Dann darf ein Kind seinen Begriff auf eine Folie am Overheadprojektor malen, jedoch mit der »falschen« Hand. Also ein Rechtshänder malt mit der linken und umgekehrt. Die Mitschüler schauen genau zu, was da gerade entsteht, und raten, was das sein soll. Wer den richtigen Begriff zuerst nennt, darf als Nächster seinen Gegenstand malen.

Die knackenden Fingergelenke

Jedes Kind umfasst seinen Mittelfinger (oder einen beliebigen anderen Finger) der linken Hand und zieht ruckartig daran. Hurra, es knackt! Probiert man es gleich noch einmal mit demselben Finger, kann man schon wieder staunen, denn es knackt nicht.
Die Erklärung ist: Im Fingergelenk befindet sich ein Gas. Dieses Gas entweicht hör- und fühlbar, wenn man ruckartig am Finger zieht. Da es etwa eine Viertelstunde dauert, bis sich dieses Gas wieder gebildet hat, kann man nicht gleich hintereinander ein zweites Mal mit demselben Fingergelenk knacken.

Lob als Antrieb
Wer für seine Taten gelobt wird, fühlt sich stark und wird sich in diese Richtung weiterentwickeln. Wer dagegen nicht (rechtzeitig) gelobt wird, bleibt stehen.
Gestatten Sie Ihren Schülern auch, nach neuen Wegen zu suchen und anders zu sein als die Klassenkameraden. Das Lob darf das Kind nicht in eine einzige Verhaltensrichtung drängen (Genau so wird's gemacht!), denn sonst wäre ja Erziehung nichts als Dressur.

Schlechte-Laune-Virus

Kein Wunder, dass Michael heute so finster schaut und alles blöd findet: Der Schlechte-Laune-Virus hat ihn erwischt! Die Lehrerin sucht vorsichtig nach dem Verursacher hinter Michaels Ohr, im Kragen seines Polohemdes … und da, zack, hat sie ihn auch schon erwischt! Schnell trägt sie ihn zum Fenster und wirft den Virus hinaus. Mit ziemlicher Sicherheit hat sich jetzt bereits Michaels Laune verbessert.

Gezielt loben

Wenn ein Schüler etwas macht, das Ihnen Freude bereitet, so äußern Sie dies so genau wie möglich. Also nicht: »Gut gemacht!«, sondern: »Ich freue mich, dass du Timo geholfen hast, seine Hausschuhe zu finden.« oder: »Ich bin stolz darauf, dass du deine Arbeitsblätter so ordentlich abgeheftet hast.«

Ich sehe etwas ...

Alle Kinder stehen auf und drehen sich an ihren Plätzen im Kreis. Sobald die Lehrerin »Stopp!« ruft, bleibt jedes Kind wie angewurzelt stehen. Nun hält jeder in seinem Winkel nach einer Kleinigkeit Ausschau, die den anderen (noch) verborgen ist. Ein Kind sagt vielleicht: »Ich sehe, dass ein Knopf an Julias Jacke kleiner ist als die anderen.« Ein anderes Kind sagt: »Ich sehe, dass der Wasserhahn tropft.« Genaues Hinsehen, Beobachten und Vergleichen ist Voraussetzung, damit man einen Beitrag zu diesem Spiel leisten kann.

85

Rate mal!

- ▷ Wie viele Bücher stehen in der untersten Reihe im Bücherregal nebeneinander ?
- ▷ Wie viele Buntstifte befinden sich in Lillys Federmäppchen?
- ▷ Um wie viel Uhr genau (Stunde und Minute) klopft es das nächste Mal an unsere Klassenzimmertür?
- ▷ Wie viele Bonbons befinden sich in dieser Tüte?
- ▷ Wie viele Münzen sind in der Klassenkasse?

Die Rätsel scheinen schier unerschöpflich zu sein! Jedes Kind gibt seinen Tipp ab. Wessen Tipp der Wirklichkeit am nächsten kommt, gewinnt. Wenn die Kinder mit diesem Spiel vertraut sind, dürfen sie selbst passende Fragen stellen.

Zahlen-Lotto

Wichtig: Jeder Schüler bekommt einen leeren Lottoschein.

Die Lehrerin stellt nun nacheinander sechs Fragen und die Kinder kreuzen als Antwort die entsprechenden Zahlen an.

- ▷ Wie viele Minuten hat eine Dreiviertelstunde?
- ▷ Wie viele Augen sind insgesamt auf einem Würfel zu sehen?
- ▷ Wie viele Ecken hat ein Rechteck?
- ▷ Wie viele Spieler gehören zu einem Fußballteam?
- ▷ Wie viele Tage hat der Februar in einem Schaltjahr?
- ▷ Wie viele Monate haben 31 Tage?
- ▷ Wie viele Klassen gibt es an unserer Schule?
- ▷ Wie viele Bänke stehen im Pausenhof?

Am Ende tauschen die Schüler ihre Ergebnisse mit denen der Nachbarn aus, sodass jeder einen fremden Lottoschein korrigiert.
Wer die meisten richtigen Antworten hat, gewinnt.

87

Seltsame Fragen

Auf seltsame Fragen darf man auch seltsame Antworten geben. Bei diesem Spiel gibt es deshalb keine richtigen oder falschen Antworten. Hier soll nur die Fantasie der Kinder angeregt werden. Achten Sie darauf, dass nicht nur äußere Gemeinsamkeiten genannt werden, sondern auch auf das »Wesen« der Dinge eingegangen wird.

▷ Was hast du mit einem Stuhl gemeinsam? (Beine, Standfestigkeit, den Anfangsbuchstaben, falls man Sarah oder Stefan heißt ...)
▷ Was hast du mit einem Buch gemeinsam? (Beide sind vielseitig, interessant, haben eine äußere und eine innere Seite ...)
▷ Was hast du mit einem Sofa gemeinsam? (Gemütlich, kuschelig, weich ...)
▷ Was hast du mit einem Apfel gemeinsam? (Haut, Fleisch, Saft, beide sind gesund ...)

Spitze an Spitze

Nicht zu glauben: Manchmal gelingen die einfachsten Dinge nicht! Jeder Schüler nimmt in jede Hand einen Stift und hält seine beiden Stifte so, dass ihre Spitzen aufeinander zeigen. Die Spitzen sollten etwa 60 Zentimeter voneinander entfernt sein. Jetzt zwickt jeder ein Auge zu und versucht die Bleistifte so aufeinander zu zu bewegen, dass sie sich Spitze an Spitze treffen. Das schafft niemand! Aber vielleicht klappt es ja, wenn man das andere Auge zuzwickt? Auch nicht? Und warum ist das so? Nur mit zwei Augen kann man räumlich sehen.

89

Zunge meldet Temperatur

Wichtig: für jedes Kind ein Pappbecher mit Leitungswasser; ein Thermometer

Nun darf jeder seine Zunge im Wasser baden und soll dann einen Tipp abgeben, wie viel Grad das Wasser hat (aufschreiben oder melden). Schließlich wird nachgemessen.

Spaß für Tafelwischer

Sogar das Tafelwischen macht gleich noch viel mehr Spaß, wenn man neue Tafelwisch-Werkzeuge bereitlegt: Schwämme verschiedener Größe, Farben und Formen, professionelle Fensterputzwasser-Abziehgeräte, ausrangierte Waschhandschuhe usw.

90

Was klappert in der Dose?

Wichtig: Mehrere Filmdöschen (gibt es kostenlos im Fotoladen) werden mit Klapperdingen gefüllt, z. B. mit Büroklammern, Erbsen, Perlen usw. Die gleichen Materialien liegen für alle Schüler sichtbar auf dem Tisch.

Die Lehrerin nimmt eine Dose und klappert damit. Die Spieler sollen am Geräusch erkennen, was sich in der Klapperdose befindet. Man kann auch immer zwei Dosen mit dem gleichen Inhalt füllen und »Klapper-Memory« spielen.

Wie geht es weiter?

Die Lehrerin gibt einen halben Satz vor, den die Schüler ergänzen sollen. Wer will, gibt auch noch eine Begründung an oder erzählt weiter, was da passiert sein könnte, z. B.:

- ▷ Unser Fernseher ist kaputt und funktioniert nur, wenn ...
- ▷ Jeder rannte aus dem Gebäude, weil ...
- ▷ Das Essen wurde kalt, weil ...
- ▷ Wir warteten vergeblich auf den Telefonanruf, weil ...
- ▷ Rudi wollte gerade an der Kasse seine Einkäufe bezahlen, aber ...
- ▷ Obwohl es draußen sehr warm war, trug Rudi seinen Wintermantel, denn ...
- ▷ Tante Berta schlüpfte um Mitternacht heimlich aus dem Haus, weil ...
- ▷ Der Wärter wollte gerade das Löwengehege betreten, als ...

Glück und Unglück

Dass Glück und Unglück so nah beieinanderliegen, relativiert doch manches Ungemach. Alle Schüler erfinden gemeinsam eine Fantasiegeschichte. Das Besondere dabei ist, dass die Kinder abwechselnd ihren Satz beginnen mit: »Zu meinem Unglück ...« und »Zu meinem Glück ...«
Das könnte dann so klingen:
»Zu meinem Unglück fiel ich gestern auf dem Nachhauseweg von der Schule in eine Baugrube.«
»Zu meinem Glück war die Grube nicht besonders tief.«
»Zu meinem Unglück war die Grube aber mit Wasser gefüllt.«
»Zu meinem Glück kam gleich ein Spaziergänger vorbei.«
»Zu meinem Unglück war der Spaziergänger taub.« ...
Da können sehr seltsame Geschichten zustande kommen. Gerade die Kinder, die sonst gar nicht so fantasievoll erscheinen, glänzen oft mit besonders ausgefallenen Beiträgen.

Namenverwandlungsspiel

Die Lehrerin sucht den Vornamen eines Kindes aus und schreibt ihn an die Tafel: z. B. Timo. Timo schreibt man mit T am Anfang. Wie würde der Name lauten, wenn man einen anderen Anfangsbuchstaben wählt? »Fimo« vielleicht, oder »Bimo«, »Gimo« oder »Wimo«? Welcher neu entstandene Name würde Timo am besten gefallen? Wie würden die neuen Namen der anderen Kinder lauten? Anja entscheidet sich für »Inja«, Mira möchte »Kira« heißen und Daniel fügt gleich zwei Buchstaben an, um »Spaniel« zu heißen.

Die Saubermacher

Nach einer Bastelstunde macht das Aufräumen des Klassenzimmers viel mehr Spaß, wenn man an die Kinder Wäscheklammern, chinesische Essstäbchen oder Kuchenzangen austeilt, mit denen die Schnipsel aufgehoben und zum Papierkorb getragen werden sollen. Nebenbei schult das Aufräumspiel die Konzentration und die Feinmotorik der Schüler.

Verzaubert

Ein Kind bekommt den Zauberstab, geht durch die Klasse, bleibt vor einer Mitschülerin stehen und sagt vielleicht: »Hoppeldi und Hoppelda, ich verzaubere dich in einen bellenden Frosch!« Sofort verwandelt sich das verzauberte Kind und hüpft bellend durchs Klassenzimmer. Aber schon steht der Zauberer vor dem nächsten Mitschüler, den er vielleicht in einen Schlittschuh laufenden Affen verzaubert. Dazu gesellen sich noch ein quakender Roboter, eine rückwärts fliegende Biene, ein hupendes Gespenst und jede Menge weiterer Fantasiewesen.

95

Tierkonzert

Jedes Kind überlegt sich ein beliebiges Tier, dessen Laute es gut nachmachen kann. Dann gibt die Lehrerin ein Lied vor, das alle kennen, z. B. »Die Vogelhochzeit«. Auf ihr Zeichen hin quaken, muhen, mähen, gackern die Kinder lauthals die vorgegebene Melodie. Ein toller Spaß, den man unbedingt aufnehmen sollte.

Singen entspannt!
Gemeinsames Singen baut Stress ab und stärkt das Immunsystem, das Herz, den Kreislauf und nicht zuletzt das Zusammengehörigkeitsgefühl der Kinder. Studien belegen, dass Chorsänger im Vergleich zu anderen Menschen ausgeglichener und fröhlicher sind.

Ein Tier fehlt

Oh je, über Nacht ist doch glatt ein Tier verschwunden und nun stehen nur noch fünf Tiere vor der Tafel. Der Tierwärter wartet vor der Klassenzimmertür, bis er hereingerufen wird. In der Zwischenzeit schreibt die Lehrerin die Namen von sechs Tieren an die Tafel, z. B.: Ente, Hund, Katze, Kuh, Schaf, Schwein. Dann teilt sie jedem der fünf Kinder ein Tier zu, sodass ein Tiername »unbesetzt« bleibt. Wenn nun der Tierwärter ins Klassenzimmer zurückkommt, fangen die fünf Tiere sofort an, in ihrer »Sprache« zu bellen, miauen, muhen ... und der Tierwärter muss ganz schnell heraushorchen, von welchem Tier kein Laut zu hören ist, welches also letzte Nacht verschwunden ist.

97

Gummientenspiel

Ein Kind greift sich eine Badewannengummiente und quietscht damit den Mitschülern ein Lied vor. Wer das Lied zuerst erkennt, darf gleich das nächste vorquietschen.

Highlight des Monats

Die Vorfreude auf ein besonderes Ereignis hilft über manch schwierige Situation im Schulalltag hinweg. Sie könnten dies planen:

- Am frühen Morgen mit der Klasse ein Volksfest besuchen und zusehen, wie hier die Infrastruktur funktioniert. Da kommen die Arbeiter der Putzkolonne, die Lieferanten der einzelnen Stände und Bierzelte, die Techniker vom TÜV.
- Eine Nachtwanderung machen: Ob sich die Schule in einer Großstadt oder auf einem kleinen Dorf befindet, eine Nachtwanderung durch den Ort ist immer interessant und aufregend. Ein kleines Mitternachtspicknick im Stadtpark oder auf dem Spielplatz beendet das Erlebnis.
- Eine Lesenacht veranstalten: Die Kinder bereiten nach dem Abendessen ein Lager auf dem Klassenzimmerboden und dann geht es los. Jeder liest eine Geschichte vor, die ihm gut gefallen hat, oder stellt dem anderen ein Buch vor. Zu fortgeschrittener Stunde lesen die großen Geschwister und Eltern (oder Großeltern) Geschichten vor. Irgendwann schließt ein Kind nach dem anderen die Augen, bis die ganze Lesegesellschaft friedlich eingeschlafen ist.

98

Körperinstrumente

Zuerst überlegen alle Schüler gemeinsam, welche Töne man mit den Körperteilen machen kann, z. B. klatschen, mit den Fingern schnipsen, mit der Zunge schnalzen, mit den Beinen stampfen, mit den Fingerknöcheln klopfen. Dann singen alle zusammen ein Lied und jeder Schüler begleitet den Gesang mit einem anderen »Instrument«. Das hört sich lustig an und schafft gute Laune.

Ein bisschen Quatsch darf sein

- ▷ Erzählen Sie einen Witz oder eine lustige Situation aus Ihrer Kindheit. Kinder lieben das!
- ▷ Sprechen Sie plötzlich in einer anderen Sprache, z. B.: »Weper kapann aupauch ipin Pipirapatepensprapachepe sprepechepen?«
- ▷ Quatschgedichte, Limericks, dumme Sprüche oder Abzählreime kommen bei Kindern immer gut an, wie:

  Ich bin klein, mein Herz ist rein,
  mein Hals ist schmutzig, ist das nicht putzig?
- ▷ Veranstalten Sie einen Wettbewerb im Grimassenschneiden, im Ohrenwackeln usw.

Nasensprache

Ein Schüler hält sich die Nase zu und redet irgendeinen Unsinn, und weil das so lustig klingt, machen die anderen gleich mit. Es entsteht eine lebhafte Unterhaltung in Nasensprache, die zwar niemandem etwas nützt, aber die ganze Gesellschaft auf fröhliche Weise beschäftigt.

Variation: Auch Gespräche hinter vorgehaltener Hand sind lustig und schulen das genaue Hinhören.

Bitte anstellen!

- ▷ Zuerst dürfen sich die Kinder anstellen, deren Telefonnummer ohne Rest durch drei teilbar ist, dann die Kinder, in deren Telefonnummer sich eine Null befindet usw.
- ▷ Vorne stehen die Kinder, deren Nachname mit einem Buchstaben von A bis G beginnt, dahinter alle mit Nachname von H bis N usw.
- ▷ Es stellen sich zuerst alle Schüler an, die kleinere Geschwister haben, danach diejenigen, die heute keine Turnschuhe anhaben, gefolgt von den Kindern, die ein Haustier haben usw.
- ▷ Ganz vorne in der Reihe steht derjenige, der die kleinste Hausnummer hat, der Letzte hat die größte.
- ▷ Alle Schüler stellen sich nach ihrer Größe an.
- ▷ Ein »Anstelllied« wird auserkoren. Sobald die Lehrerin beginnt, dieses Lied zu singen, fallen die Kinder in den Gesang mit ein und stellen sich auf.

Die Nase meines Onkels

Bei diesem Spiel dürfen alle lachen, nur derjenige nicht, der gerade an der Reihe ist. Er muss alle Fragen mit »die Nase meines Onkels« beantworten. Also: »Was hast du heute früh gegessen?« Antwort: »Die Nase meines Onkels.« »Was versteckst du in deinem Federmäppchen?« »Die Nase meines Onkels« usw. Rutscht dem Befragten doch mal ein Lacher heraus, ist der nächste Schüler an der Reihe.
Die Antworten können von Runde zu Runde verändert werden:
»Was wünschst du dir zu Weihnachten?« »Eine mit Gulaschsuppe gefüllte Wärmflasche.«

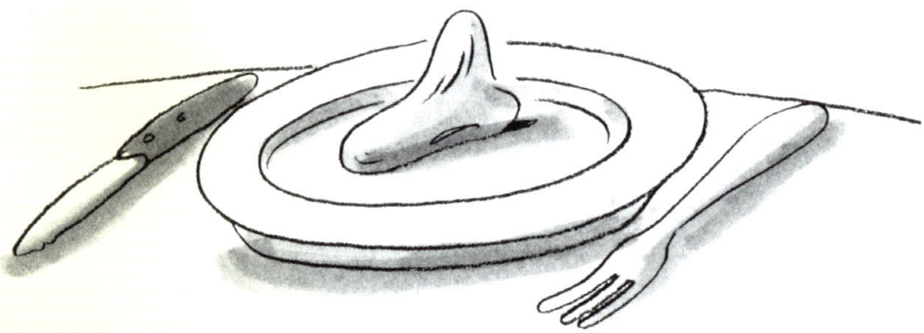

Lachen in Variationen
Fordern Sie die Schüler auf zu lachen,
- ohne dabei einen Laut von sich zu geben;
- erst ganz leise, dann immer lauter und schließlich wieder leiser;
- dass dabei der Bauch möglichst heftig wackelt;
- während sie in die Luft springen;
- während sie am Platz tanzen.

Alphabetisches Verzeichnis aller Spiele

Alphabetisches Verzeichnis aller Tipps